Hammkumma

Gedichte von Kurt Klawitter

mit Illustrationen von Wildis Streng

Impressum

© 2018 Kurt Klawitter (Texte) und Wildis Streng (Bilder)
Lektorat, Layout, Satz und Cover: Wildis Streng
Herstellung und Verlag:
BoD – Books on Demand, Norderstedt
ISBN: 978-3-7528-3097-2

*Bibliografische Information der Deutschen Nationalbibliothek:
Die Deutsche Nationalbibliothek verzeichnet diese Publikation in
der Deutschen Nationalbibliografie; detaillierte bibliografische
Daten sind im Internet über dnb.dnb.de abrufbar.*

Inhaltverzeichnis

DAHAMM IN HOHENLOHE

Hammkumma

Saachnass
bis iwwer beidi Ohra,
sou sann mir hammkumma
vom Winterschlieda fohra.

In dr Kicha
doa wor dr Herd ougschiert
die Hend und Fiaß vor lauter Kelt
fascht nimmi gschbiert.

Und die Muader wor
am Weihnachtsbreedli backa
hinter die Eckbank gschmissa
die nassa Sacha

die Fiaß auftaut
in am warma Wasserbad,
in der Schüssel,
die der Ami unterm Krieg vergessa hat.

Aafach schää,
wenn mr hammkumma kou
aus derra Kelt der Welt
und hockt sich aafach nou.

Und `s wärmt aam jemand die Seele auf
und horcht aam aa noch zua -
no gäht´s aam sou guad wie doamols
als klaaner, nasser Bua.

Es gibt sou viele Sacha
uff derra weita Welt
die wo du kaafa kouscht
hascht du an haufa Geld.

Doch fehlt dir bloß
aafach a Dahamm
noa hock di her
geh her zu mir

mir rutscha noch weng zsamm.

Da ganza Dooch lang

Hohenlohe, da ganza Dooch lang
gätt mir a Liad von dir
in meinem Koupf herum.
Hohenlohe, des Liad von dir,
des kummt ganz leis und warm
wie Mondliachd in meim Draam.

Andri Arma strecka sich aus nach mir
andri Aacha lacha riewer zu mir,
doch wie im hella Draam
seh ii´s genau vor mir -
mei Weech, der fiehrt mi
zrick zu dir.

Hohenloh', ii find ka Ruah,
denn des Liad von dir
des här ii immerzua.

Bei dir is schää

Du mei Hohaloh, bei dir is schää,
mit deina Wälder, mit Wiesa und Häh,
mit Mouschd, mit Griewaschmalz und Brot.

In Wien und Zürich bin ii gwesa
in Müncha und Berlin
hobb denkt, doa muss der Bär doch danza
doa muscht hin.

Hobb denkt, mei Glück, des konn ii macha
wo viele Leit sinn -
doch die Städte woara kalt und leer
noa bin ii widder her.

Wenn aa net alles grood sou is,
wie mer's geera hätt,
`s is allamol noch besser
als in da großa Städt.

Und wenn der Utza Robert
scho lang ka Milchkanna mehr eifoohra duad -
es is und bleibt bei dir
noch allamol reechd guad.

Taubamarkt

Taubamarkt in Wiesabach
mir feiern, bis die Schwarte kracht -
Wiesabacher Taubamarkt
mir saufa bis zum Mouschdinfarkt!

Doch der Taubamarkt hat's schwer,
wo bring mer bloß die Tauba her?
Drum gibt's etz Krempel, Schals und Saafa,
denn Affa derf mer net verkaafa.

Bei da Landmaadli gibt es Kaffee
bei dr Feierwehr gibt's Bier
´s gibt Mouschd in raua Menga
´s is grod sou schää wie frieher.

Und mer scheicht bei Wind und Weeder
durch die Strooßa wie a Bleeder
frisst a Wurscht nei halb derfrora
dicki Kappa uff da Ohra.

Die Pferde für d' Kutscha zohlt dr Bosch
Kaltblutgäul mit großer Gosch
sann's nimmi doa, brauchsch du's net sucha
die sann womöglich Hundekucha.

Ankumma in der Lötholzhalla,
hert mer scho viele Menscha lalla,
weil doa gibt's Mouschd für Vetterana
und sogoor Pommes für die Klaana.

Bei dr Feierwehr, doa tobt dr Bär
und jeder frisst sich richtich her
gmiatlich beianander gsessa -
scho Sunndochmittoch is alles gfressa.

NATURGEDANKEN

Die Linda

In meinem Haamadort drunda im Dool
in meinem Haamadort, doa stäht a Linda.

Gut 1000 Johr hat die alt Linda scho gseecha
1000 Johr, bei Hitz und bei Schnää
bei Wind und bei Reecha.

Scho mei Urgroßvatter hat doa geera
sei Pauline gseecha
bei derra Linda
doa in dem Dool.

An Sunndochnachmittech
sanns unter ihrm Schatta gleecha
unter der Linda
doa in dem Dool.

Und wie der Obend kumma is,
sann die Leit
drunter ghockt zum Singa
und zum Danza
und Zeit mitnander verbringa.

Doch net nur guadi Zeita sann
an derra Linda vorüber ganga
aa Nazis, Kanona und
aa Feldschlanga.

Und heit braucht kaaner mehr
die guad alt Linda.
Zwischa Haiser und Strooßa neipfercht
duads bloß noch hindra.

In meinem Haamadort, doa stäht a Linda,
in meinem Haamadort drunda im Dool.

Gwitter

Schwefliche Wolka treibt dr Sturm
niewer iwwer d´ Ährafelder
orchelt drowa im alta Kärchturm
und schlecht mit Peitscha uffd Wälder.

Uffgwirbelt ballt sich dr Staub
baamhoch iwwer da Strooßa
dollwiedich lesst im Sommerlaub
der Sturm zu wildem Danza bloosa.

Drohend rollt jetzt der Donner daher
unheilkindend aus zornicher Fern
und droba über brodelndem Wolkameer
lauscha verengschdigt die Stern.

Wiadich reißt jetz der Feierstrahl
Reecha und Hagel aus höllischer Sphäre
und verwandelt die Weiher im Dool
in Brüder tosender Meere.

Des wiadiche Heer fährt jetz durch die Noochd
und iwwer die Wälder am Hiichel
bloß die alt Eula im Kärchturm, die lacht
und spreizt vergnüglich die Fliechel.

Schwefliche Wolka treibt dr Sturm
niewer iwwer d' Ährafelder
orchelt drowa im alta Kärchturm
und schlecht mit Peitscha uffd Wälder.

Kalti Winternoochd

Ii laaf allaa
durch a kalti Winternoochd.
Es weht a eisicher Wiind
der wo meine Ohra bloocht.
Und ii laaf zua
ohne Raschd und Ruah.

Und ii suach
alles des, was ii verlora hobb.
Lang hobb ii's net ghott
allzu schnell wor's fort.
Und ii laaf zua
ohne Raschd und Ruah.

Doch doa hinta
wo sich der Himmel zur Erde noubiacht
ganz weit doa hinta
doa seech ii a Liachd.
Und ii laaf zua
ohne Raschd und Ruah.

Und des Liachd
des scheint in dr Noochd sou warm.
Es kummt mir vor,
als wär's bei uns dahamm.
Und ii laaf zua
ohne Raschd und Ruah.

Und wie ii noukumm
is des a Liachd in am alta Kuahstool.
Die Leit schaffa zua
ohne Raschd und Ruah.

Die alte Eiche

Dem Winter getrotzt, gegen seine Gewalt,
gegen Eis, Regen, Schnee und grimmiges Kalt
knorrige Äste gen Himmel gereckt
vor Sommerglut kaum noch mit Blattwerk bedeckt
ruhmreich und stark selbst im Untergang
tönt schon der Neuzeit verächtlicher Klang
gefräßig die Zeit, mit offenem Schlund,
vorm alten Baum dort im Eichengrund.

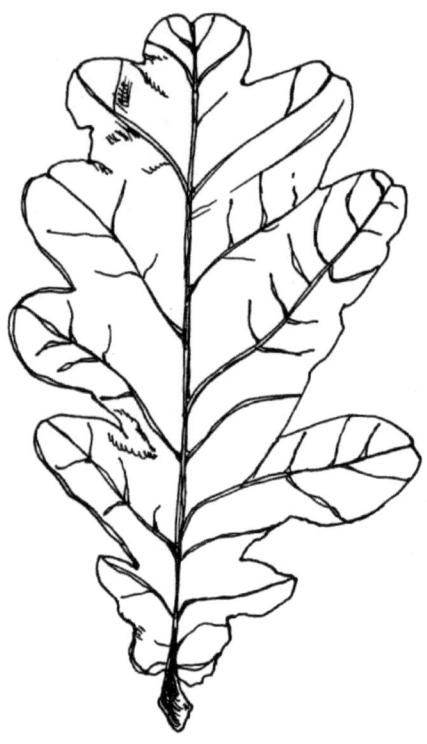

SAGENHAFTES

Die versunkene Treppe

Betrete die Treppe und träum' deinen Traum,
von Felsen, von Wasser, von Strauch und von Baum
Geheimes und Wünsche begegnen dir dort
auf der versunkenen Treppe
am vergessenen Ort.

Das Frauenbrünnlein

Wenn kühl der Mond mit silbernem Licht
sein Schweigen im Wasser dort unten bricht
dann hör ihm gut zu, wenn er dir erzählt
von der alten, der längst schon vergangenen Welt
du tauchst in sie tiefer und tiefer noch ein
trinkst du das Mondlicht am Frauenbrünnlein.

Die Keltenschanze

Der Wind singt sein Lied und als wär' es zum Tanze
streicht leise er über die uralte Schanze.
Lang schon vergangen die keltische Macht -
nur ihre Raben, die halten noch Wacht.

Versunka der Dooch

Versunka der Dooch, ´s is sinkliche Noochd.
Des Nebels Wall
ziacht nunder ins Dool.

Des Liachd vom Dooch hat jetz sei End
drum Lebenslicht, dich zu uns wend,
wenn kumma aus dem Nebelfeld
die Gaaschder aus der Unterwelt.

Als Liachd und als kopfloser Reitersmou,
als schwarzi Hend, die Wend durchdringa kou
zeicha se sich an abgleechana Plätz
und wenn du's siehscht, schwätz´s net ou,

Lass ziacha ihr Weech und sooch nix dazua,
weil des sann welchi, die finda ka Ruah.

Versunka der Dooch
´s is sinkliche Noochd.

Amlishoocha

In Amlishoocha hewwa friaher
die alta Kelta ghaust
die wora fei sou schlimm,
doa hat's da Römer graust.

Doa hat der Schwoocher gwohnt
vom Obelix, dem Dicka,
und der wor immer glei dabei
die Römer hammzuschicka.

Unter am Hiichel bei Amlishoocha
doa in am Wald daneewa,
doa sell der Alte leecha
der dät scho nimmi leewa.

Der Hiichel sell heit noch
a bsundre Kraft ausstrahla
und wär ein Pilgerort für Grüne
mit Wollschal und Sandala.

Und sou mach ii mi auf
und geh nach Amlishoocha,
um an dem sagenhafta Keltenhiichel
moal aufzumschloocha.

Fünf Stunda bin ii durch Gestrüpp
und Doora und Nessla gstolpert
iwwer Wiesa, Wald und Äcker
reechd mühsam niewergholpert.

Plötzlich seh ich ihn vor mir
auf derra Lichtung leecha
die Dämmerung is scho
übers Land reibrocha gweesa.

Voll Freude steige ich
sogleich den Hiichel nauf
und bau mi dann wie sellichsmol
der Obelix dort auf.

Ii spier die Keltakraft
wie's meine Fiaß nuffgrabbelt
ii denk noch „Herrschafts Zeita,
des wuselt und des zappelt,

des wird aa immer haaßer
und dud glei richtich weh" -
dann merk ii, dass ii im Ameisahaufa
und auf koom Keltahiichel steh.

Wie a Oubrennter bin ii
von dem Haufa runterkrocha
und seitlich durch da Wald
und in die Brettach neigebrocha.

Ich hob dabei an Schrei
wie Tarzan ausgerufa -
Gottseidank sann die Ameisa
in dr Brettach dann versuffa.

Seither rutscht mer da Buckel noa
mit altem Keltenglump!
Und leckt mi doch am Orsch
mit blödem Mystikschund!

Doa leich ii mi lieber mit Mouschd und Bier
nou uff mei Kannapee,
und veschber was und trink
und streckt mei Fiaß in d´ Heh.

LIEBE UND EITELKEIT

Rosamunde Pilcher

Sonntagabend haua mir uns auf des Kanapee doa nauf,
denn Rosamunde Pilcher mecht ein Fass mit Brandy
    auf.
Und in dem Fass is eine Grütze, die man Romantik
    nennt
die Zeit, wo mer als Mou am beschda vor der Glotze
    pennt.

Doch Frauen schwelgen in den höchsten Tönen
armer Landadel tut noch ärmerm Landmadla frönen
im kleinen Cottage gibt es Roast Beef und heile Welt
    gepökelt,
doch der alte Lord hat es versaut, hat neben raus
    gevögelt.

Und trotzdem mecht die Rosamunde ein Fass mit
    Brandy auf
das Unheil in dem kleinen Cottage nimmt weiter
    seinen Lauf.
Zwischen jungem Lord und Heideröslein werd net lang
    gefackelt
die lassa gleich die Sau raus, dass die Bude wackelt.

Junge Lords, das sind die Helden, haua sich mit
  Bösewichter
verschlofa seh ich hübsche Frauen und liebliche
  Gesichter.
Die alte Tante werd am Herzinfarkt noa sterba
des unehliche Heideröslein werd dann endlich alles
  erba.

Im Club von Rudi Rammlers Hühnervieh und
  Vogelpickverein
finden sich die alten Lords und Whiskeynasen ein.
Der alte Lord is insolvent und gibt die Schuld den
  Bösewichtern,
drum trinkt er abends Whiskey im Dorfpub mit den
  Kleintierzüchtern.

Den junga Lord, den stellt man endlich an da Pranger
der Depp, der hat net uffbasst und jetz is des Röslein
  schwanger!
Dann gibt mir meine Fraa an Buffer:"Konnsch jetzt mol
  aufwacha?
Die Rosamunde is vorbei, pack deine sieba Sacha!

Und lass die Tüte mit da Chips und deine Bierflasch net
  rumliecha,
weil mir zwaa sunscht demnächscht amol sou richdich
  Ärchar griecha!"
Im Bett denk ich ans Röslein, das auf Rosen nackt
  gebettet
dank Rosamunde Pilcher ist der Sonntag doch gerettet.

Randevou in Willhelmsruh

I hobb a Randevou in Wilhelmsruh
doa fohr ii mit em Bulldog nou.
Doa wount die Liesel und ii soch dir's, Bua,
dass ii mit derra sou guad kou.

Die Liesel, die is nett
die Liesel is adrett.

Heit bin ii a glicklicher Mou
ii vergess meine Sorcha
und weil ii's nimmi aushalta kou
fohr ii liawer heit als morcha.

Noch bin ii gut gelaunt
mei Bulldog hat an fetta Saund
wenn er sich so über die Stroßa schiebt.
An Mouschd und a Veschber dabei
ii fohr mit ihra heit ins Hei
ii glab, ii bin verliebt.

Ja, der Weech, der is noch weit,
doch mir sann reechd guad in dr Zeit,
mei alter Bulldog und ii.

Doch plötzlich merk ii, ou, mensch Mou,
fängt der Karra ´s Stottara ou,
ii glaab, des alti Ding gätt hie.

Ou, ou, mei Bulldog, der is krank,
der hat kann Diesel mehr im Tank
ii will doch heit zum Randevou
was mach ii jetz, was meksch etz, Bua?

Ii will zu meiner Liesel
und drum brauch ii an Diesel!

Benzinkanischder in dr Hend
bin ii iwwer Felder grennt
bis zur nächschta Tankstell nou.
Den Tankwart rausgebimmelt,
dass der net in sei Bett neischimmelt.

Ii soch dem reechd uuwirscha Mou:
„Richd du mir glei an Diesel nou!
Ii hobb a Randevou in Wilhelmsruh
und doa brauch ii den Sprit dazua.

Doa wount die Liesel und ii sooch dir's, Mou,
dass ii mit derra reechd guad kou."

Lauer Summerobend

An demm laua Summerobend
fohr ii durch mei altes Dool.
Es riacht nach frischem Hei,
mir werd's ganz wouhl.
Mei Motorrood halt ii ou
und häng mein Helm doa hinta nou.
Und noa fohr ii grood sou langsam,
wie ii kou.

Der Fahrtwind streicht mit seine Zeih
durch mei graui Hoor.
`S kummt mir vor, als wenn es geschdern wor.
Uff dem Moped mit dir zsamma
die Zeit is viel zu schnell verganga
schubidubidua
ii hobb di lieb.

Spier noch dei waachi Hend,
wie's ganz feschd um mich gschlunga sinn.
Ii kou kaum glaawa,
dass ii des heit selwer bin.

An demm laua Summerobend
leich mi in des Hei doa nei.
Und ich wünsch mir,
du wärscht nochamol dabei.
Die Grilla singa ihr alti Lieder
sou was wie di, des gibt's nie wieder.
Von Weitem weht der Wind
a Lacha zu mir riewer.

Und des klingt wie grood von dir
mir is, als leechaschd neewa mir
mit deim Lacha,
des sou unvergleichlich wor.
Wie domols, frei und ohne Sorcha
unterm Himmel bis zum Morcha
schubidubidua
ii hobb di lieb.

An demm laua Summerobend
fällt mir alles wieder ei.
Und ii wünscht mir, `s könnt
nochmol wie früher sei.

Uff dem Moped mit dir zsamma
die Zeit is viel zu schnell verganga
schubidubidua
ii hobb di lieb.

Du bischt mei Traum

Du, du bischt mei Traum
grood, jetzt und heit,
mit dir vergess ii die Zeit.

Du, du bischt mei Traum
hascht den unendlicha Charme,
dass mir's Herz stänna bleibt.

Ii schau nauf
in des Blau
und ii denk mir:"Genau –
wär's net fei
kennscht mei Sunnaaufgang sei?"

Ii möcht' mit dir bis in da Morcha danza
dann im Bett verschanza
bis Mittooch is.
Am heißa Strand mit dir auf bessri Zeita warta
oder in Rapunzels Garta
bis Summer is.

Und ich spier es grood
jetz und hier
gern bin ii bei dir
und du bei mir.
Komm, lass uns morcha friah da Geiger wecka
dann die Welt entdecka

ii mit dir
und du mit mir.

Abnehmen

Jeden Morcha blooch ii mi
aus meinem Bett doa nauß
und holl mir aus dem Pälder driwwa
die alti Woocha raus.

Ich stell mi drauf und glotz
a Weil dem Zeicher noach
der Zeicher, der bleibt stänna,
und mi trifft glei dr Schlooch!

Am Bauch, doa glotz i noo,
merk, dass ii mei Fiaß net seech,
des kummt vielleicht davou
dass ii mi net beweech.

Ii denk mir, Bua, des is ka Freid,
jetzt wird's mol wirklich widder Zeit
jetzt stell ii mei Ernährung um
und ess ab heit nur light.

Ich kaaf mir Grünkernbrot,
des sich wie Luft ganz fluffig schneidt
und bring mei Gwicht ins Lot
weil's Margarine derzua geit.

Ich esse Pizza light, trink Cola light
und Weißbier light derzua,
Salat, den ess ii ohne Dressing
und Milch von einer leichta Kuah.

Alles nur in light noch essa,
des is fei ganz schää schwer
und allzuviel is ungesund
sou secht mer als mol leicht daher.

Des Light, des füttert awwer nix,
und dass ii aa net liech,
davou hobb ii jetz sou viel gfressa,
dass ii jetz grood des doppelt wiech.

BEIM HERRGOTT

Gommora

Der Mensch, der ist ein sündigs Weesa,
des konnscht scho in der Bibel lesa.
Drum hat merm ´s Paradies gekündicht,
denn Adam hat mit Eva gsündicht.

Obdachlos dann nach demm Ganza
unter Affa und Schimpansa
sinn zwaa gwandert nach Hohaloh
und wora brav, der Herr wor froh.

Zwa andri sinn nach Gommora
bei Sodom und des wor's noa aa.

In Sodom und Gommora diwwa
ii soch's eich, Leit, des wora zwei,
die hewwas maßlos übertriewa,
mit Saufa, Fressa, Hurerei.

Der Herr schaut nunder von seim Thron
und spricht:"Ihr Leit, des is der Hohn,
wie's die zwaa doa unten treiba,
von denna sell nix iwwrich bleiba!"

Er spricht:"Ihr griechd aans uff da Ranza,
doa vergeht eich's Lumba und aa ´s Danza!"
Er schickt an großa Feuersturm
und bringt des Lumpagsindel um.

Und die Moral von derra Gschicht,
Hohenloher gab's in Gommora nicht,
denn Gras, Hei, Ohmet und auch Stroah,
die Hohaloher sann immer noch doa.

Der Angler

Letscht, doa is bei uns
ein alter Angler gschdorba,
der hat gwiiß gmaant, er hätt
des Heil sich schon erworba.

Und sou stätt er doa droba
vorm goldna Himmelsschrei
und brüllt grood, was er kou,
zum alta Petrus nei.

„Petrus, här doch endlich mol
mit deinem Veschbra uff
und lass mi zu der goldana
Himmelswohnung nuff!"

Der Petrus stiert ins Buch verwirrt –
weil für den Mou doa draußa,
doa is nix reserviert.

Der Petrus geht zum Chef:
„Chef du, horch mol gschwind zua:
Doa draußa stätt ein Angler,
der gibt aafach ka Ruah,

der secht, durch Petri Heil
und seine Fischerskunscht
doa wäre er doch lange schon
bestimmt einer von uns."

Dann schreit von hinda fir
dem Chef sein Filius
und maant:"Der Mou verzeilt
wahrscheinlich keinen Stuss."

Schließlich hätte er als Sohn,
und des is ja woll woahr,
uff derra Erda drunda
vor zwahalb dausend Johr

an einem See in Galiläa
nach Sturm und Sturmesruah
an Fischereiverei gegründet -
doa ghärt der woll derzua.

„Also, macht mer etz ka Ferz,
auf, lass den Fischer rei!
Dass der Verei sich sou lang helt,
kou bloß a Wunder sei."

Mei alter Freind

An dem graua Wintermorcha
drunda in meim Wald
nur die Raaba schreia
neewa mir die große Gschdalt.

So riesich, groß und knorrich,
a Freind aus Kinderdooch
a Kerl, sou groß und mächtich,
a Freind, sou, wie mer'n mooch.

Als klaaner Bua bin ii scho immer
in deinem Schatta gleecha
doch heit is mir des Herz sou schwer
nur wecha derra Seecha.

So leidvoll bisch du gschdorba
mei großer, alter Baam
geh her, mei alter Freind,
ii nemm di nochamol in ´n Arm!

Viel liewer wär's mir gweesa
du hättsch mi iwwerlebt
auf derra kalta Welt
wo nix mehr ewich hebt.

Benzin heult auf und Raabagschraa
es is der Schmerz der Welt
als du mit lautem Dunnerhall
nou auf die Erde fällscht.

Geh her, mei alter Freind,
ii nemm di nochamol in ´n Arm
geh her, mei alter Freind,
mir ghära immer zsamm!

Zwischa Dunkel und Grau

Zwischa Dunkel und Grau
und Kriech auf da Autobahna
zwischa Talkshows und Kaufrausch
miss mer da Weech uns bahna.

Zwischa Bildzeitungssensationa
Superstar und Lieferdrohna
zwischa Billichjobs und leera Kassa
und denna, die viel Geld verbrassa

zwischa Bürgerkriech und Mina
und denna, die wo drou verdiena
zwischa Willkür und auch Geld
doa werd's dunkel uff der Welt.

Und noch eh mir's reechd mitgricha
ziacht der Winter ei in Stuba und Kicha.

Kurt Klawitter ist Hohenloher mit Leib und Seele. Schon lange ist er in der Mundart-Szene als Barde bekannt, der Witziges, Nachdenkliches und Skurriles zum Besten gibt. Entweder begleitet er sich dabei selbst mit einem der acht Instrumente, die er beherrscht, oder er tritt mit seiner Band „Die Mouschdpiloten" auf. Weniger bekannt sind bisher seine literarischen Ambitionen. Schon immer schreibt der Wiesenbacher auch Gedichte, die er nun in dem vorliegenden Band erstmals veröffentlicht.

Wildis Streng ist ebenfalls überzeugte Hohenloherin. Einem breiteren Publikum ist sie durch ihre im Gmeiner-Verlag erschienenen Hohenlohe-Krimis „Ohrenzeugen", „Trauerweiden", „Fischerkönig", „Dorftheater", „Todesgleis", „Muswiese" und „Hammeltanz" sowie durch ihren im Baier-Verlag Crailsheim herausgegebenen Kurzgeschichtenband „Hyazinthenduft" bekannt. Sie hat neben Germanistik auch Malerei und Grafik studiert und hat sich von Kurt Klawitters Gedichten zu den passenden Illustrationen inspirieren lassen.